Die besten MAMAS sind nicht PERFEKT, sie sind echt.

EINE MUTTER TRÄGT IHR KIND
9 MONATE IM BAUCH,
3 JAHRE AUF DEM ARM UND

ein Leben lang im Herzen.

DU BIST:

die beste Mutter –

genau so, wie du bist.

Tolle Mamas

HABEN KRÜMEL AM BODEN,

FLECKEN AUF DER HOSE,

SAND IM BETT

und glückliche Kinder.

unbekannt

DAS LEBEN MUSS
nicht perfekt sein,
um wundervoll zu sein.

EIN KIND ZU HABEN BEDEUTET,
DASS FÜR IMMER EIN STÜCK
DES EIGENEN HERZENS
AUßERHALB DES KÖRPERS

durch die Welt spaziert.

SEI STARK UND
LASS DIR HELFEN.

Sei mutig.

Sei einfach du.

DU MUSST NICHT PERFEKT SEIN,
UM EINE GUTE MUTTER ZU SEIN.

ES IST VOLL OK, MAL ÜBERFORDERT
ZU SEIN. NICHT UMSONST HEISST ES,
MAN BRAUCHT EIN GANZES DORF,

um ein Kind

großzuziehen.

Ein Kind

IST WIE EIN KUNSTWERK,

MIT LIEBE ENTSTANDEN,

UNTER SCHWEIß UND STRAPAZEN

HERVORGEBRACHT, VOLLER STOLZ

BEHÜTET, UM ES DANN

zur rechten Zeit loszulassen.

Dagmar Bulmann

MAMA SEIN –
der härteste und gleichzeitig
schönste Job der Welt.

Du darfst

ANDERS SEIN UND
DINGE ANDERS MACHEN –
ANDERS IST
NICHT FALSCH.

DIE ZEIT MIT UNSEREN KINDERN

ist nur ein kurzer Weg auf der langen Strecke ihres Lebens. Es ist aber ein Weg, der sie immer prägen wird.

Carla Otterstedt

Du wurdst so viel.

SEI STOLZ AUF DICH!

Wenn's

GANZ SCHLIMM KOMMT:

KOPF AUS,

Kuscheln an.

WARNUNG: MAMASEIN SETZT
UNGEAHNTE KRÄFTE FREI UND FÜHRT
ZU EINER BANDBREITE AN BISHER

nie erlebten Gefühlen.

Mamas.

WER BRAUCHT
SCHON SUPERHELDEN!?!
ES GIBT DOCH

AN MENSCHEN MIT HERAUSRAGENDEN ECKEN UND KANTEN KÖNNEN WIR VIEL BESSEREN HALT FINDEN ALS AN RUNDUM ANGEPASSTEN.

Ernst Ferstl

STEH ZU DEINEN FEHLERN –
KINDER, DIE IHRE MAMA FEHLER MACHEN
SEHEN, LERNEN ETWAS FÜRS LEBEN:

kein Mensch

muss perfekt sein.

MAMAS SIND NICHT DA,
UM ALLES RICHTIG ZU MACHEN,

sondern um
zu lieben.

VERGLEICHE

dich nicht mit anderen.
alle Wörter schätzen mal.
Manche rechnen es
nur besser.

Sei eine

ERSTKLASSIGE AUSGABE
DEINER SELBST, KEINE
ZWEITKLASSIGE VON
JEMAND ANDEREM.

Judy Garland

Mach es so,

WIE ES SICH FÜR DICH

gut anfühlt.

WOW MOM

KENNST DU DAS:
SAMSTAGS LANGE AUSSCHLAFEN,
DANN ERHOLT UND VOLLER
ENERGIE AUFSTEHEN, GEMÜTLICH
FRÜHSTÜCKEN UND DEN REST
DES TAGES EINFACH TUN, WONACH
DIR GERADE IST?

Ich auch nicht!

Mamas

VERSTEHEN AUCH OHNE WORTE, WAS LOS IST.

HINTER JEDEM
glückliche Kind
steht eine erschöpfte Mama.

Die Fragen eines Kindes

SIND SCHWERER ZU
BEANTWORTEN ALS DIE FRAGEN
EINES WISSENSCHAFTLERS.

Walther Rathenau

was Mamas
alles können ...

STOFFTIERE WIEDER GESUND
MACHEN, AUAS WEGZAUBERN,
DIE WELT IN EINFACHEN WORTEN
ERKLÄREN – ECHT WOW,

Lichtgestalten

DIE SCHÖNSTEN MAMAS HABEN

Lachen

**BIS DER BAUCH WEH TUT,
IN DIE GRÖßTEN PFÜTZEN SPRINGEN,
BIS ZU DEN WOLKEN SCHAUKELN –**

*das können
Mamas auch!*

DAS ZIEL IST ES,
glücklich zu sein,
nicht perfekt.

ZEIGE DICH,

wie du bist, und sei,

wie du dich zeigst.

Maria Ward

Manchmal

HILFT AUCH BEI MAMAS
NUR NOCH EIN GLAS WEIN.
ODER DIE BESTE FREUNDIN.
NOCH BESSER: BEIDES!

PAPAS WISSEN VIEL, ABER MAMAS
DENKEN AN (FAST) ALLES.

(ABER DESWEGEN MUSS MAMA NOCH
LANGE NICHT ALLES MACHEN.)

TRAUMMAßE EINER MAMA:
MUTIG, AUSDAUERND, ETWAS VERRÜCKT

und mit einem

großes Herz.

MENSCH

FRAU

MUTTER

FREUNDIN

ALLTAGSHELDIN

dazugehört.

UND ALLEM, WAS ZUM LEBEN
MENSCHEN, ECHTEN GEFÜHLEN
VIELEN UNTERSCHIEDLICHEN
MIT HÖHEN UND TIEFEN,
IST IHRE KINDHEIT –
UNSER ALLTAG

KEINE MAMA
ist perfekt, aber jede einzelne unersetzlich und unbezahlbar.

Sei gut zu dir –

DU GIBST
DEIN BESTES UND
DAS IST GENUG.

MIT LIEBE

fangen die schönsten

Geschichten an.

Liebe in der Familie.

IN 50 JAHREN WERDEN SICH DEINE KINDER
NICHT DARAN ERINNERN, WIE GROß EUER
ZUHAUSE UND WIE TOLL DAS SPIELZEUG WAR
ODER WIE PERFEKT DU GESTYLT WARST,
SONDERN AN DAS LACHEN, DIE WÄRME UND

DER MOMENT,

in dem du erkennst, dass dein Kind deinen Humor hat und du nicht weißt, ob du lachen oder im Boden versinken solltest.

Daheim ist,
WO MAMA IST.
EGAL, WIE CHAOTISCH
ES DORT AUSSIEHT.

Es gibt keinen Ort,
der das Zuhause
ersetzen kann.

aus Italien

EINFACH UNGLAUBLICH –
DAS GEFÜHL MAMA ZU SEIN.
VERRÜCKT, VERWIRREND,
ÜBERWÄLTIGEND UND EINFACH

unvergleichlich.

Denke daran:

MAMA IST IMMER DIE SCHÖNSTE!

AUCH MORGENS UM 4,

MIT DUNKLEN AUGENRINGEN

UND

zerzausten Haaren.

DU BIST EINE TOLLE MAMA!

Perfekt wäre ja langweilig.

ERST WENN MAN DAS EIGENE KIND
IM ARM HÄLT, VERSTEHT MAN,
WAS ES HEIẞT, MAMA ZU SEIN.

*Und wie hart das
manchmal sein kann.*

Wir von GROH wollen die Welt
ein bisschen verschönern – mit liebevollen
Geschenken, die glücklich machen.

GROH.DE

@die_geschenkverlage

Layout: Bettina Stickel
Gesamtherstellung: Printfactory, Istanbul

Die besten Mamas sind nicht perfekt, sie sind echt.
GTIN 978-3-8485-2229-3
© 2021 Groh Verlag. Ein imprint der Verlagsgruppe
Droemer Knaur GmbH & Co. KG, München
www.groh.de

10 9 8 7 6